João And The Fridge Monster And Other Bilingual Portuguese-English Stories For Kids

Pomme Bilingual

Published by Pomme Bilingual, 2024.

JOÃO AND THE FRIDGE MONSTER AND OTHER BILINGUAL PORTUGUESE-ENGLISH STORIES FOR KIDS

First edition. September 13, 2024.

Copyright © 2024 Pomme Bilingual.

ISBN: 979-8227383648

Written by Pomme Bilingual.

Table of Contents

O Cavalo Mágico de Margarida

Era uma vez, em uma pequena aldeia chamada Osana, uma menina chamada Margarida. Margarida era conhecida por todos na aldeia por ser a mais corajosa e criativa das crianças. Ela tinha um pequeno jardim onde cultivava flores e contava histórias para suas plantas.

Um dia, enquanto Margarida regava suas flores, ela ouviu um barulho estranho vindo do jardim. Ao se aproximar, viu algo que nunca esperaria: um cavalo dourado, com uma crina colorida como um arco-íris, estava de pé entre suas flores!

"Oi! Eu sou o Estrela!" disse o cavalo, com uma voz tão clara quanto um sininho. "Eu sou um cavalo mágico, e vim aqui para uma grande aventura!"

Margarida esfregou os olhos, achando que estava sonhando. "Você é um cavalo mágico? Como assim?"

"Sim!" respondeu Estrela, balançando a cabeça. "Eu posso voar, fazer coisas mágicas e, acima de tudo, encontrar pessoas especiais como você para me ajudar em uma missão importante."

Estrela explicou a Margarida que precisava de ajuda para encontrar o "Cristal da Alegria", um cristal mágico que tinha o poder de trazer felicidade para todos ao seu redor. O cristal estava escondido em uma caverna misteriosa no topo da Montanha das Nuvens, e só poderia ser encontrado por alguém com um coração puro e corajoso.

"Vamos lá!" disse Margarida, determinada. Ela sempre sonhou em ter uma grande aventura e não podia deixar passar essa oportunidade.

Montada nas costas de Estrela, Margarida sentiu o vento em seu rosto enquanto o cavalo alado começava a voar em direção à Montanha das Nuvens. A viagem era emocionante e repleta de paisagens deslumbrantes. Eles passaram por florestas encantadas, rios brilhantes e campos floridos.

Ao chegar à Montanha das Nuvens, Estrela e Margarida encontraram um desafio: uma enorme ponte feita de nuvens, mas ela estava quebrada em vários lugares.

"Como vamos atravessar isso?" perguntou Margarida, olhando para a ponte instável.

"Eu posso ajudar!" disse Estrela. Ele usou seus poderes mágicos para fazer com que nuvens se reunissem e formassem uma nova ponte segura. Margarida e Estrela atravessaram com cuidado e chegaram à entrada da caverna.

Dentro da caverna, eles encontraram um labirinto cheio de enigmas e armadilhas. Margarida usou sua inteligência e criatividade para resolver os enigmas e encontrar o caminho certo. Ela percebeu que a chave para sair das armadilhas era acreditar em si mesma e nunca desistir.

Finalmente, eles chegaram ao centro da caverna, onde encontraram um guardião mágico, uma criatura enorme com olhos brilhantes e uma voz profunda. O guardião estava sentado em frente ao Cristal da Alegria.

"Para pegar o cristal, vocês devem responder a uma pergunta", disse o guardião. "Qual é o segredo para trazer felicidade para todos?"

Margarida pensou por um momento e, então, sorriu. "O segredo para trazer felicidade é compartilhar o amor e a bondade com os outros."

O guardião sorriu e permitiu que eles pegassem o Cristal da Alegria. "Você respondeu corretamente. Parabéns!"

Margarida e Estrela retornaram à Osana, onde todos estavam esperando ansiosos. Quando Margarida mostrou o Cristal da Alegria, uma onda de felicidade e alegria se espalhou pela aldeia. Todos estavam sorrindo e celebrando.

Estrela se despediu de Margarida, dizendo: "Obrigado por sua coragem e bondade. Você sempre será uma amiga especial."

Margarida assistiu enquanto Estrela voava para o céu, e soube que sua vida nunca mais seria a mesma. Ela tinha vivido uma grande aventura e, mais importante, tinha aprendido que a verdadeira magia vem de um coração generoso.

Margarida's Magical Horse

Once upon a time, in a small village called Osana, there was a girl named Margarida. Margarida was known throughout the village as the bravest and most creative child. She had a small garden where she grew flowers and told stories to her plants.

One day, while Margarida was watering her flowers, she heard a strange noise coming from the garden. As she approached, she saw something she never expected: a golden horse, with a rainbow-colored mane, standing among her flowers!

"Hello! I'm Star!" said the horse, with a voice as clear as a bell. "I'm a magical horse, and I've come here for a great adventure!"

Margarida rubbed her eyes, thinking she was dreaming. "You're a magical horse? What do you mean?"

"Yes!" replied Star, shaking his head. "I can fly, do magical things, and most importantly, find special people like you to help me on an important mission."

Star explained to Margarida that he needed help finding the "Crystal of Joy," a magical crystal that had the power to bring happiness to everyone around it. The crystal was hidden in a mysterious cave at the top of Cloud Mountain and could only be found by someone with a pure and brave heart.

"Let's go!" said Margarida, determined. She had always dreamed of having a great adventure and couldn't let this opportunity pass.

Mounted on Star's back, Margarida felt the wind on her face as the winged horse began to fly toward Cloud Mountain. The journey was thrilling and filled with breathtaking landscapes. They passed enchanted forests, sparkling rivers, and blooming meadows.

Upon reaching Cloud Mountain, Star and Margarida faced a challenge: a massive cloud bridge that was broken in several places.

"How are we going to cross this?" Margarida asked, looking at the unstable bridge.

"I can help!" said Star. He used his magical powers to make clouds come together and form a new, safe bridge. Margarida and Star crossed carefully and reached the entrance of the cave.

Inside the cave, they encountered a labyrinth filled with riddles and traps. Margarida used her intelligence and creativity to solve the riddles and find the right path. She realized that the key to escaping the traps was believing in herself and never giving up.

Finally, they reached the center of the cave, where they found a magical guardian, a huge creature with bright eyes and a deep voice. The guardian was sitting in front of the Crystal of Joy.

"To take the crystal, you must answer a question," said the guardian. "What is the secret to bringing happiness to everyone?"

Margarida thought for a moment and then smiled. "The secret to bringing happiness is to share love and kindness with others."

The guardian smiled and allowed them to take the Crystal of Joy. "You answered correctly. Congratulations!"

Margarida and Star returned to Osana, where everyone was anxiously waiting. When Margarida showed the Crystal of Joy, a wave of happiness and joy spread throughout the village. Everyone was smiling and celebrating.

Star said goodbye to Margarida, saying, "Thank you for your courage and kindness. You will always be a special friend."

Margarida watched as Star flew into the sky, knowing that her life would never be the same. She had lived a great adventure and, more importantly, learned that true magic comes from a generous heart.

A Incrível Aventura do Robô Rebeca

Em uma pequena cidade chamada Vila Feliz, vivia uma garota chamada Clara. Clara era uma criança cheia de imaginação e curiosidade. Ela passava seus dias explorando o bosque atrás de sua casa e criando invenções malucas em seu pequeno laboratório no porão.

Um dia, enquanto caminhava pelo bosque, Clara encontrou um objeto brilhante parcialmente enterrado na terra. Ela escavou com cuidado e descobriu um robô antigo, coberto de sujeira e teias de aranha.

"Olá!" disse o robô com uma voz metálica, quando Clara pressionou um botão que estava em seu peito. "Eu sou Rebeca, um robô de aventuras. Fui criado há muito tempo para explorar o mundo!"

Clara esfregou os olhos, achando que estava sonhando. "Você fala? Um robô que fala? Isso é incrível!"

"Sim, e eu preciso da sua ajuda para voltar à minha fábrica e cumprir minha missão", explicou Rebeca. "Você pode me ajudar?"

Clara, animada com a ideia de uma nova aventura, concordou imediatamente. "Claro! Vamos descobrir mais sobre você e sua missão."

Rebeca explicou que sua fábrica estava localizada no topo da Montanha dos Mistérios, uma montanha coberta por uma densa névoa e cheia de desafios. Clara sabia que a viagem seria difícil, mas estava determinada a ajudar seu novo amigo.

No dia seguinte, Clara e Rebeca começaram sua jornada em direção à Montanha dos Mistérios. A estrada estava cheia de obstáculos: árvores que falavam, rios que cantavam e trilhas que mudavam de lugar.

Quando chegaram à base da montanha, encontraram uma ponte feita de cordas e tábuas soltas. Rebeca usou seus sensores para calcular a segurança da ponte e, com a ajuda de Clara, conseguiram atravessá-la sem problemas.

À medida que subiam a montanha, Clara e Rebeca chegaram a uma caverna que parecia o esconderijo perfeito para um robô antigo. Dentro da caverna, eles encontraram uma série de desafios e quebra-cabeças. Cada desafio parecia mais difícil que o anterior, mas Clara usou sua criatividade e inteligência para resolvê-los.

O primeiro desafio era um enigma sobre números. Rebeca, com sua memória avançada, ajudou Clara a resolver o enigma, e a entrada para a próxima sala se abriu. A segunda sala tinha uma série de plataformas móveis que se moviam rapidamente. Clara pulou de plataforma em plataforma com a ajuda de Rebeca, que usava seus braços mecânicos para estabilizá-la.

Finalmente, Clara e Rebeca chegaram ao centro da montanha, onde encontraram um guardião de pedra. O guardião tinha uma aparência imponente e um olhar atento.

"Para passar, vocês devem provar seu valor", disse o guardião com uma voz grave. "Contem-me uma história sobre coragem e amizade."

Clara pensou por um momento e então começou a contar a história de como ela e Rebeca se encontraram e como enfrentaram todos os desafios juntos. A história mostrava como, mesmo em face das dificuldades, a coragem e a amizade podem superar qualquer obstáculo.

O guardião sorriu e deu permissão para que eles continuassem. "Vocês provaram seu valor. A fábrica está logo ali."

Quando Clara e Rebeca chegaram à fábrica, ficaram maravilhados com o que viram. Era um lugar mágico, cheio de engrenagens giratórias, luzes piscantes e robôs de todos os tipos.

"Bem-vindos de volta, Rebeca!" disse um robô com um grande sorriso. "Nós estávamos esperando por você. Você trouxe Clara, não é?"

"Sim!" respondeu Rebeca. "Clara foi minha amiga e ajudou a realizar minha missão."

A fábrica estava em festa para celebrar o retorno de Rebeca. Clara foi presenteada com uma medalha de honra e um pequeno robô de brinquedo como lembrança. A fábrica também ofereceu uma nova atualização para Rebeca, tornando-a ainda mais poderosa e brilhante.

Após a celebração, Clara e Rebeca se despediram dos amigos da fábrica. Clara sentiu uma mistura de alegria e tristeza ao se despedir de Rebeca, sabendo que sua jornada tinha chegado ao fim.

"Obrigado por tudo, Clara", disse Rebeca. "Você foi uma amiga incrível e sua coragem fez toda a diferença."

"Eu também sou grata por ter te conhecido", respondeu Clara. "Nossa aventura foi fantástica!"

Com um último adeus, Clara voltou para casa, sabendo que sua vida nunca mais seria a mesma. Ela tinha feito um novo amigo e vivido uma aventura inesquecível.

The Incredible Adventure of Rebeca Robot

———

In a small town called Vila Feliz, lived a girl named Clara. Clara was a child full of imagination and curiosity. She spent her days exploring the forest behind her house and creating wacky inventions in her small basement laboratory.

One day, while walking through the forest, Clara stumbled upon a shiny object partially buried in the ground. She carefully dug it up and discovered an old robot, covered in dirt and cobwebs.

"Hello!" said the robot in a metallic voice when Clara pressed a button on its chest. "I'm Rebeca, an adventure robot. I was built a long time ago to explore the world!"

Clara rubbed her eyes, thinking she was dreaming. "You talk? A talking robot? This is amazing!"

"Yes, and I need your help to return to my factory and complete my mission," explained Rebeca. "Can you help me?"

Clara, excited by the idea of a new adventure, immediately agreed. "Of course! Let's find out more about you and your mission."

Rebeca explained that her factory was located at the top of Mystery Mountain, a mountain covered in dense fog and full of challenges. Clara knew the journey would be difficult, but she was determined to help her new friend.

The next day, Clara and Rebeca began their journey toward Mystery Mountain. The path was full of obstacles: talking trees, singing rivers, and shifting trails.

When they reached the base of the mountain, they encountered a bridge made of ropes and loose boards. Rebeca used her sensors to assess the safety of the bridge, and with Clara's help, they managed to cross it without problems.

As they climbed the mountain, Clara and Rebeca came to a cave that seemed like the perfect hiding place for an old robot. Inside the cave, they found a series of challenges and puzzles. Each challenge seemed more difficult than the last, but Clara used her creativity and intelligence to solve them.

The first challenge was a riddle about numbers. Rebeca, with her advanced memory, helped Clara solve the riddle, and the entrance to the next room opened. The second room had a series of moving platforms that shifted rapidly. Clara jumped from platform to platform with Rebeca's help, who used her mechanical arms to steady her.

Finally, Clara and Rebeca arrived at the center of the mountain, where they found a stone guardian. The guardian had an imposing appearance and a watchful gaze.

"To pass, you must prove your worth," said the guardian in a deep voice. "Tell me a story about courage and friendship."

Clara thought for a moment and then began to tell the story of how she and Rebeca met and how they faced all the challenges together. The story showed how, even in the face of difficulties, courage and friendship can overcome any obstacle.

The guardian smiled and granted permission for them to continue. "You have proven your worth. The factory is just ahead."

When Clara and Rebeca arrived at the factory, they were amazed at what they saw. It was a magical place, filled with spinning gears, flashing lights, and all kinds of robots.

"Welcome back, Rebeca!" said a robot with a big smile. "We've been waiting for you. You brought Clara, didn't you?"

"Yes!" replied Rebeca. "Clara was my friend and helped complete my mission."

The factory threw a party to celebrate Rebeca's return. Clara was awarded a medal of honor and a small toy robot as a keepsake. The factory also offered Rebeca a new upgrade, making her even more powerful and shiny.

After the celebration, Clara and Rebeca said goodbye to their factory friends. Clara felt a mix of joy and sadness as she said farewell to Rebeca, knowing their journey had come to an end.

"Thank you for everything, Clara," said Rebeca. "You were an amazing friend, and your courage made all the difference."

"I'm grateful to have met you too," replied Clara. "Our adventure was fantastic!"

With one last goodbye, Clara returned home, knowing her life would never be the same. She had made a new friend and experienced an unforgettable adventure.

Um Elefante Diferente

Na pequena cidade de Risonha, havia um zoológico muito especial. Diferente dos outros zoológicos, este tinha uma seção dedicada a animais que eram um pouco... diferentes. Havia um macaco que adorava fazer mágica, um pinguim que falava francês e uma girafa que tocava violino. Mas o animal mais peculiar de todos era Edgar, um elefante que tinha uma habilidade extraordinária: ele podia voar!

Edgar era um elefante grande e cinza, com orelhas tão largas quanto um par de asas de anjo. Desde que nasceu, ele sempre soubera que era diferente dos outros elefantes. Enquanto seus amigos passavam o dia comendo bambu e brincando na lama, Edgar passava seu tempo sonhando em voar pelo céu e ver o mundo de uma perspectiva diferente.

Todos os dias, Edgar tentava levantar voo. Ele balançava suas enormes orelhas, corria pelo recinto e saltava o mais alto que podia, mas nada funcionava. Até que um dia, algo incrível aconteceu.

Era uma manhã de primavera, e o zoológico estava particularmente animado. Uma nova família estava visitando o zoológico e, entre eles, estava uma menina chamada Sofia. Sofia era uma criança curiosa e adorava animais, especialmente aqueles que eram diferentes.

Quando Sofia passou pelo recinto de Edgar, ela o viu tentando levantar voo novamente. Ela ficou encantada com a determinação do elefante e se aproximou para assistir de perto.

"Por que você está tentando voar?" perguntou Sofia, com um olhar curioso.

"Eu sempre quis ver o mundo do alto, como os pássaros," explicou Edgar. "Mas eu nunca consegui."

Sofia pensou por um momento e então teve uma ideia. "E se eu ajudasse você? Eu tenho um livro antigo que minha avó me deu. Diz que os desejos podem se tornar realidade se você acreditar neles."

Edgar estava cético, mas decidiu tentar. Sofia abriu o livro e começou a ler em voz alta. Era uma história mágica sobre um elefante que, com a ajuda de um livro especial, conseguiu realizar seu maior desejo.

Quando Sofia terminou de ler, algo surpreendente aconteceu. As orelhas de Edgar começaram a brilhar com uma luz dourada, e ele sentiu uma sensação estranha, como se algo estivesse mudando dentro dele.

Com a ajuda de Sofia, Edgar fez uma série de tentativas para voar. Desta vez, algo estava diferente. Suas orelhas brilhavam intensamente, e uma sensação de leveza o envolvia. Sofia encorajava Edgar, gritando palavras de incentivo.

"Você consegue, Edgar! Você pode fazer isso!"

Finalmente, Edgar deu um salto poderoso e, para sua surpresa, começou a flutuar no ar. Ele estava voando! Sofia assistia com os olhos arregalados, maravilhada com o que estava acontecendo.

Edgar voava alto e baixo, dando voltas e curvas no céu. Era uma sensação incrível, e ele sentia o vento em seu rosto e a liberdade como nunca antes. Sofia correu atrás dele, acompanhando-o pelo zoológico.

Com sua nova habilidade, Edgar decidiu explorar o mundo fora do zoológico. Sofia, que se tornou sua amiga, foi com ele em sua primeira grande aventura. Eles voaram sobre campos verdejantes, rios brilhantes e cidades movimentadas.

Durante sua jornada, encontraram muitos outros animais que nunca haviam visto antes. Eles encontraram um grupo de coelhos que jogavam futebol, uma família de dragões que cozinhavam em uma fogueira e até mesmo uma vila de esquilos que faziam esculturas incríveis.

Cada novo lugar que visitavam estava cheio de maravilhas e surpresas. Edgar e Sofia descobriram que, com a ajuda da amizade e da imaginação, podiam alcançar coisas incríveis.

Depois de muitas aventuras, Edgar e Sofia sentiram que era hora de voltar para o zoológico. Eles tinham visto tantas coisas maravilhosas e tinham histórias incríveis para contar. Quando chegaram de volta, os outros animais estavam ansiosos para ouvir sobre suas viagens.

Edgar contou a todos sobre as maravilhas que havia visto e sobre como a amizade e a crença em si mesmo podem realizar sonhos. Todos no zoológico estavam maravilhados com as histórias e ficaram inspirados pelas aventuras de Edgar.

O zoológico organizou uma grande festa para celebrar o retorno de Edgar e Sofia. Foi uma noite de música, dança e diversão, e todos os animais participaram com alegria. Edgar e Sofia eram os heróis da noite, e todos celebraram a magia da amizade e dos sonhos realizados.

A Different Elephant

In the small town of Risonha, there was a very special zoo. Unlike other zoos, this one had a section dedicated to animals that were a little... different. There was a monkey who loved performing magic, a penguin who spoke French, and a giraffe who played the violin. But the most peculiar animal of all was Edgar, an elephant with an extraordinary ability: he could fly!

Edgar was a large gray elephant with ears as wide as a pair of angel wings. Since he was born, he always knew he was different from other elephants. While his friends spent their days eating bamboo and playing in the mud, Edgar spent his time dreaming of flying through the sky and seeing the world from a different perspective.

Every day, Edgar tried to take flight. He flapped his enormous ears, ran around his enclosure, and jumped as high as he could, but nothing worked. Until one day, something incredible happened.

It was a spring morning, and the zoo was particularly lively. A new family was visiting the zoo, and among them was a girl named Sofia. Sofia was a curious child who loved animals, especially those that were different.

When Sofia passed by Edgar's enclosure, she saw him trying to fly again. She was fascinated by the elephant's determination and approached to watch closely.

"Why are you trying to fly?" Sofia asked with a curious look.

"I've always wanted to see the world from above, like the birds," Edgar explained. "But I've never been able to."

Sofia thought for a moment and then had an idea. "What if I help you? I have an old book my grandmother gave me. It says that wishes can come true if you believe in them."

Edgar was skeptical but decided to give it a try. Sofia opened the book and began to read aloud. It was a magical story about an elephant who, with the help of a special book, managed to fulfill his greatest wish.

When Sofia finished reading, something surprising happened. Edgar's ears began to glow with a golden light, and he felt a strange sensation as if something was changing inside him.

With Sofia's help, Edgar made a series of attempts to fly. This time, something was different. His ears glowed brightly, and a feeling of lightness enveloped him. Sofia cheered Edgar on, shouting encouraging words.

"You can do it, Edgar! You can do it!"

Finally, Edgar took a powerful leap and, to his surprise, began to float in the air. He was flying! Sofia watched with wide eyes, amazed at what was happening.

Edgar flew high and low, making loops and turns in the sky. It was an incredible feeling, and he felt the wind on his face and freedom like never before. Sofia ran after him, keeping up with him around the zoo.

With his new ability, Edgar decided to explore the world outside the zoo. Sofia, who had become his friend, joined him on his first big adventure. They flew over green fields, sparkling rivers, and bustling cities.

During their journey, they encountered many animals they had never seen before. They met a group of rabbits playing soccer, a family of dragons cooking over a campfire, and even a village of squirrels making incredible sculptures.

Each new place they visited was full of wonders and surprises. Edgar and Sofia discovered that, with the help of friendship and imagination, they could achieve incredible things.

After many adventures, Edgar and Sofia felt it was time to return to the zoo. They had seen so many wonderful things and had amazing stories to tell. When they got back, the other animals were eager to hear about their travels.

Edgar told everyone about the wonders he had seen and how friendship and belief in oneself can make dreams come true. Everyone at the zoo was amazed by the stories and felt inspired by Edgar's adventures.

The zoo threw a big party to celebrate Edgar and Sofia's return. It was a night of music, dancing, and fun, and all the animals joined in with joy. Edgar and Sofia were the heroes of the night, and everyone celebrated the magic of friendship and dreams coming true.

Beto e a Gato Falante

Em um pacato bairro da cidade de Alegria, morava um menino chamado Beto. Beto era um garoto curioso e cheio de energia, sempre pronto para uma nova aventura. Um dia, enquanto explorava o sótão da casa de sua avó, Beto encontrou uma caixa antiga coberta com uma manta colorida. Dentro da caixa havia uma variedade de itens interessantes, mas o que mais chamou sua atenção foi um gato preto com olhos brilhantes e uma expressão muito peculiar.

Quando Beto se aproximou, o gato, que parecia estar dormindo, abriu os olhos e falou:

"Olá, jovem aventureiro! Eu sou o Gato Falante, e estou aqui para te mostrar um mundo cheio de magia e mistérios!"

Beto, surpreso e empolgado, respondeu: "Você pode mesmo falar? Isso é incrível! Como você pode me mostrar esse mundo mágico?"

O Gato Falante sorriu e explicou que havia um mapa mágico escondido na casa que levava a um reino encantado. Mas para chegar lá, Beto precisava completar três desafios mágicos.

Com a ajuda do Gato Falante, Beto encontrou o mapa mágico escondido atrás de uma estante antiga. O mapa estava coberto de símbolos brilhantes e mostrava o caminho para o reino encantado. O primeiro desafio era encontrar o "Cristal da Claridade," que estava escondido na Floresta das Maravilhas.

"Vamos começar nossa aventura!" exclamou o Gato Falante. "A Floresta das Maravilhas é um lugar cheio de criaturas incríveis e encantamentos.

Precisamos encontrar o Cristal da Claridade para avançar para o próximo desafio."

Beto e o Gato Falante partiram em direção à floresta, cheios de entusiasmo. A floresta era exuberante e cheia de árvores altas e flores coloridas. Eles enfrentaram diversos obstáculos, como arbustos mágicos que se moviam e pequenos seres encantados que tentavam desviar seu caminho.

Finalmente, depois de muito esforço, encontraram o Cristal da Claridade, que brilhava intensamente em um pedestal de pedra. Beto cuidadosamente pegou o cristal e o entregou ao Gato Falante.

"Excelente trabalho, Beto!" disse o Gato Falante. "Agora, estamos prontos para o próximo desafio."

O segundo desafio era encontrar o "Pergaminho da Sabedoria," que estava escondido em um antigo castelo. O castelo era majestoso, com torres altas e uma ponte levadiça. Beto e o Gato Falante entraram no castelo e foram recebidos por um grupo de corujas sábias que moravam lá.

As corujas explicaram que o Pergaminho da Sabedoria estava guardado em uma sala secreta e que Beto precisava responder a um enigma para acessá-la. Com a ajuda do Gato Falante, Beto resolveu o enigma, que era sobre as estrelas e os constelações.

"Você é muito esperto, Beto!" elogiou uma das corujas. "O Pergaminho da Sabedoria está na sala debaixo da escada, atrás da porta dourada."

Beto encontrou o pergaminho e o entregou ao Gato Falante. "Só falta um desafio agora," disse o Gato Falante com um sorriso. "Estamos quase lá!"

O último desafio era encontrar o "Coração da Floresta," um cristal mágico que estava escondido no coração da Floresta das Maravilhas.

O Coração da Floresta tinha o poder de abrir o portal para o reino encantado. Beto e o Gato Falante retornaram à floresta e seguiram o mapa até uma área misteriosa, onde o Coração da Floresta estava escondido.

Durante a busca, enfrentaram muitos desafios, como árvores falantes que contavam histórias e riachos mágicos que mudavam de direção. Beto teve que usar toda a sua inteligência e coragem para superar esses obstáculos.

Finalmente, encontraram o Coração da Floresta, que pulsava com uma luz dourada. Com o cristal em mãos, Beto e o Gato Falante foram capazes de abrir o portal para o reino encantado.

Ao atravessar o portal, Beto e o Gato Falante chegaram a um mundo deslumbrante, cheio de cores e criaturas mágicas. O reino encantado era um lugar onde as árvores cantavam, os animais conversavam e tudo parecia possível.

Beto conheceu muitos amigos mágicos, como uma fada que voava em círculos e um dragão pequeno que adorava fazer acrobacias no ar. Eles participaram de uma grande festa, onde todos celebravam com músicas e danças encantadoras.

Durante sua estadia no reino encantado, Beto aprendeu sobre a importância da amizade, da coragem e da curiosidade. Ele se divertiu muito e fez amizades duradouras.

Depois de passar um tempo maravilhoso no reino encantado, era hora de Beto voltar para casa. O Gato Falante explicou que, embora o tempo no reino encantado parecesse passar rapidamente, era hora de retornar ao mundo real.

"Vou sentir sua falta, Gato Falante," disse Beto, abraçando seu amigo mágico. "Obrigado por me mostrar este mundo incrível."

O Gato Falante sorriu e respondeu: "Você sempre terá a magia dentro de você, Beto. Lembre-se de que a verdadeira aventura está na curiosidade e no coração aberto para novas experiências."

Ao voltar para sua casa em Alegria, Beto percebeu que sua aventura tinha mudado sua perspectiva sobre o mundo. Ele aprendeu a valorizar as pequenas coisas e a buscar a magia em seu cotidiano.

Sempre que encontrava algo novo, Beto se lembrava das lições que aprendeu no reino encantado. Ele continuou a explorar, a sonhar e a acreditar que a magia estava em todos os lugares.

Beto and the Talking Cat

In the peaceful neighborhood of Alegria, lived a boy named Beto. Beto was a curious and energetic boy, always ready for a new adventure. One day, while exploring his grandmother's attic, Beto found an old box covered with a colorful blanket. Inside the box were a variety of interesting items, but what caught his attention the most was a black cat with shiny eyes and a very peculiar expression.

As Beto approached, the cat, who seemed to be sleeping, opened its eyes and spoke:

"Hello, young adventurer! I am the Talking Cat, and I'm here to show you a world full of magic and mysteries!"

Beto, surprised and excited, replied, "You can really talk? That's amazing! How can you show me this magical world?"

The Talking Cat smiled and explained that there was a magical map hidden in the house that led to an enchanted kingdom. But to get there, Beto needed to complete three magical challenges.

With the help of the Talking Cat, Beto found the magical map hidden behind an old bookshelf. The map was covered in glowing symbols and showed the way to the enchanted kingdom. The first challenge was to find the "Crystal of Clarity," which was hidden in the Forest of Wonders.

"Let's start our adventure!" exclaimed the Talking Cat. "The Forest of Wonders is a place full of amazing creatures and enchantments. We need to find the Crystal of Clarity to move on to the next challenge."

Beto and the Talking Cat set off towards the forest, full of enthusiasm. The forest was lush and full of tall trees and colorful flowers. They faced various obstacles, such as moving magical bushes and tiny enchanted beings trying to steer them off course.

Finally, after much effort, they found the Crystal of Clarity, which shone brightly on a stone pedestal. Beto carefully picked up the crystal and handed it to the Talking Cat.

"Excellent work, Beto!" said the Talking Cat. "Now we're ready for the next challenge."

The second challenge was to find the "Scroll of Wisdom," which was hidden in an ancient castle. The castle was majestic, with tall towers and a drawbridge. Beto and the Talking Cat entered the castle and were greeted by a group of wise owls who lived there.

The owls explained that the Scroll of Wisdom was kept in a secret room and that Beto needed to answer a riddle to access it. With the help of the Talking Cat, Beto solved the riddle, which was about stars and constellations.

"You're very smart, Beto!" praised one of the owls. "The Scroll of Wisdom is in the room under the stairs, behind the golden door."

Beto found the scroll and handed it to the Talking Cat. "Only one challenge left now," said the Talking Cat with a smile. "We're almost there!"

The final challenge was to find the "Heart of the Forest," a magical crystal hidden in the heart of the Forest of Wonders. The Heart of the Forest had the power to open the portal to the enchanted kingdom. Beto and the Talking Cat returned to the forest and followed the map to a mysterious area where the Heart of the Forest was hidden.

During their search, they faced many challenges, such as talking trees that told stories and magical streams that changed direction. Beto had to use all his intelligence and courage to overcome these obstacles.

Finally, they found the Heart of the Forest, which pulsed with a golden light. With the crystal in hand, Beto and the Talking Cat were able to open the portal to the enchanted kingdom.

Upon crossing the portal, Beto and the Talking Cat arrived in a breathtaking world, full of colors and magical creatures. The enchanted kingdom was a place where trees sang, animals talked, and everything seemed possible.

Beto met many magical friends, like a fairy who flew in circles and a small dragon who loved doing acrobatics in the air. They attended a grand party, where everyone celebrated with enchanting music and dances.

During his stay in the enchanted kingdom, Beto learned about the importance of friendship, courage, and curiosity. He had a wonderful time and made lasting friendships.

After a wonderful time in the enchanted kingdom, it was time for Beto to return home. The Talking Cat explained that, although time in the enchanted kingdom seemed to pass quickly, it was time to return to the real world.

"I'll miss you, Talking Cat," said Beto, hugging his magical friend. "Thank you for showing me this amazing world."

The Talking Cat smiled and replied, "You will always have magic within you, Beto. Remember that true adventure is in curiosity and an open heart for new experiences."

Upon returning to his home in Alegria, Beto realized that his adventure had changed his perspective on the world. He learned to appreciate the little things and to seek magic in his everyday life.

Whenever he encountered something new, Beto remembered the lessons he learned in the enchanted kingdom. He continued to explore, dream, and believe that magic was everywhere around him.

João e o Monstro da Geladeira

Em uma pequena cidade chamada Surem, morava um menino chamado João. João era um garoto cheio de imaginação e sempre estava em busca de novas aventuras. Um dia, enquanto ajudava sua mãe na cozinha, João notou algo estranho com a velha geladeira da família.

A geladeira fazia um barulho esquisito, e quando João se aproximou, ele ouviu uma voz abafada que dizia: "Ajude-me! Estou preso!"

João, com os olhos arregalados de surpresa, olhou para a geladeira e, hesitante, disse: "Quem está aí? Você está bem?"

A voz respondeu: "Sou o Monstro da Geladeira. Fui capturado e preciso da sua ajuda para escapar. Há um mundo mágico atrás desta geladeira, e eu sou o único que pode te mostrar as maravilhas que ele esconde."

João estava cético, mas sua curiosidade foi maior. Ele tentou abrir a geladeira, mas não conseguiu. Então, ele percebeu um pequeno botão escondido na parte de trás. Com um pouco de esforço, João conseguiu apertar o botão e, para sua surpresa, a geladeira começou a brilhar e a tremer.

De repente, um portal mágico se abriu atrás da geladeira, revelando uma entrada para um mundo completamente novo. João, com o coração acelerado, entrou pelo portal e se encontrou em um lugar incrível, cheio de cores e criaturas fantásticas.

O Monstro da Geladeira, que era uma criatura fofinha e engraçada, apareceu diante dele. Ele tinha um corpo redondo e peludo, com grandes olhos brilhantes e um sorriso amigável.

"Bem-vindo ao Mundo Gelado!" exclamou o Monstro. "Estou tão feliz que você chegou! Vamos começar nossa aventura!"

João e o Monstro da Geladeira caminharam por um campo de gelo cintilante, onde as árvores eram feitas de cristal e os animais usavam cachecóis. O Monstro explicou que o primeiro desafio era encontrar o "Pingo Mágico," uma gota de gelo especial que tinha o poder de abrir a próxima porta mágica.

O Pingo Mágico estava escondido em um labirinto de gelo que mudava constantemente. João e o Monstro enfrentaram ventos congelantes e caminhos que se reconfiguravam à medida que avançavam. Mas com coragem e trabalho em equipe, conseguiram encontrar o Pingo Mágico no centro do labirinto.

"Parabéns, João!" disse o Monstro da Geladeira. "Agora estamos prontos para o próximo desafio!"

O segundo desafio era atravessar o Labirinto dos Sonhos, um lugar onde os pensamentos e sonhos de todos se tornavam realidade. O labirinto era cheio de portas mágicas e caminhos que se desdobravam em novas direções. João e o Monstro tinham que encontrar a porta que os levaria ao próximo nível da aventura.

Enquanto exploravam o labirinto, João viu coisas incríveis, como dragões que cuspiam fogo colorido e castelos flutuantes. Mas o verdadeiro desafio foi manter o foco e não se deixar levar pelas maravilhas ao redor. Eles finalmente encontraram a porta certa, que os levou a uma sala cheia de luzes brilhantes.

"Ótimo trabalho!" elogiou o Monstro. "Agora estamos prontos para o último desafio."

O último desafio era escalar a Montanha Congelada, uma montanha gigantesca coberta de neve e gelo. No topo da montanha estava a "Estrela do Norte," um cristal mágico que precisava ser recuperado para completar a missão.

A escalada foi difícil e cheia de obstáculos, como rochas escorregadias e tempestades de neve. João e o Monstro da Geladeira trabalharam juntos para superar esses desafios. João usou sua criatividade para encontrar soluções, e o Monstro ajudou com suas habilidades especiais, como criar pontes de gelo.

Finalmente, chegaram ao topo da montanha e pegaram a Estrela do Norte. A estrela brilhava com uma luz dourada e mágica. "Conseguimos!" gritou João, segurando a estrela.

Com a Estrela do Norte em mãos, João e o Monstro da Geladeira voltaram ao campo de gelo. Eles foram recebidos por uma grande festa de celebração, onde todos os habitantes do Mundo Gelado estavam comemorando.

Havia música, dança e uma incrível variedade de comidas mágicas, como sorvetes que mudavam de sabor a cada mordida e bolos que flutuavam no ar. João se divertiu muito e fez muitos novos amigos. O Monstro da Geladeira estava radiante de felicidade e orgulho.

"Você foi um aventureiro incrível, João!" disse o Monstro. "Estou tão feliz que você participou dessa jornada. Espero que você se lembre sempre das lições que aprendeu."

Depois da festa, era hora de João voltar para casa. O Monstro da Geladeira acompanhou João até o portal e disse: "Foi uma honra ter você conosco. Lembre-se de que a verdadeira magia está dentro de você e em sua capacidade de acreditar em si mesmo."

João sorriu e abraçou seu amigo mágico. "Obrigado por tudo, Monstro da Geladeira. Vou sempre lembrar dessa aventura e das amizades que fiz aqui."

João atravessou o portal e voltou para sua cozinha. A geladeira estava como antes, e tudo parecia normal, mas João sabia que a magia ainda estava ao seu redor.

João and the Fridge Monster

In a small town called Surem, lived a boy named João. João was a boy full of imagination and always on the lookout for new adventures. One day, while helping his mom in the kitchen, João noticed something strange about the old family fridge.

The fridge was making a funny noise, and when João got closer, he heard a muffled voice saying, "Help me! I'm stuck!"

João, his eyes wide with surprise, looked at the fridge and said hesitantly, "Who's there? Are you okay?"

The voice replied, "I'm the Fridge Monster. I've been captured, and I need your help to escape. There's a magical world behind this fridge, and I'm the only one who can show you the wonders it holds."

João was skeptical, but his curiosity got the better of him. He tried to open the fridge but couldn't. Then he noticed a small button hidden at the back. With some effort, João managed to press the button, and to his surprise, the fridge began to glow and shake.

Suddenly, a magical portal opened behind the fridge, revealing an entrance to a completely new world. João, with his heart racing, stepped through the portal and found himself in an incredible place, full of colors and fantastic creatures.

The Fridge Monster, who was a cute and funny creature, appeared before him. He had a round, furry body, big shiny eyes, and a friendly smile.

"Welcome to the Icy World!" exclaimed the Fridge Monster. "I'm so glad you've arrived! Let's start our adventure!"

João and the Fridge Monster walked through a sparkling ice field, where the trees were made of crystal and the animals wore scarves. The Monster explained that the first challenge was to find the "Magic Drop," a special ice droplet that had the power to open the next magical door.

The Magic Drop was hidden in a labyrinth of ice that constantly changed. João and the Monster faced freezing winds and paths that reconfigured as they moved forward. But with courage and teamwork, they managed to find the Magic Drop in the center of the labyrinth.

"Congratulations, João!" said the Fridge Monster. "Now we're ready for the next challenge!"

The second challenge was to traverse the Dream Labyrinth, a place where everyone's thoughts and dreams became reality. The labyrinth was full of magical doors and paths that unfolded into new directions. João and the Monster had to find the door that would lead them to the next level of the adventure.

As they explored the labyrinth, João saw incredible things, like dragons breathing colorful fire and floating castles. But the real challenge was staying focused and not getting distracted by the wonders around them. They finally found the right door, which led them to a room full of bright lights.

"Great job!" praised the Monster. "Now we're ready for the final challenge."

The final challenge was to climb the Frozen Mountain, a giant mountain covered in snow and ice. At the top of the mountain was the "North Star," a magical crystal that needed to be retrieved to complete the mission.

The climb was difficult and full of obstacles, such as slippery rocks and snowstorms. João and the Fridge Monster worked together to overcome these challenges. João used his creativity to find solutions, and the Monster helped with his special skills, like creating ice bridges.

Finally, they reached the top of the mountain and retrieved the North Star. The star shone with a golden, magical light. "We did it!" shouted João, holding the star.

With the North Star in hand, João and the Fridge Monster returned to the ice field. They were greeted with a grand celebration, where all the inhabitants of the Icy World were partying.

There was music, dancing, and an incredible variety of magical foods, like ice creams that changed flavor with each bite and cakes that floated in the air. João had a great time and made many new friends. The Fridge Monster was beaming with happiness and pride.

"You were an amazing adventurer, João!" said the Monster. "I'm so happy you joined us on this journey. I hope you always remember the lessons you learned."

After the party, it was time for João to go home. The Fridge Monster accompanied João to the portal and said, "It's been an honor having you with us. Remember that true magic is within you and in your ability to believe in yourself."

João smiled and hugged his magical friend. "Thank you for everything, Fridge Monster. I'll always remember this adventure and the friendships I made here."

João stepped through the portal and returned to his kitchen. The fridge was as it had been before, and everything seemed normal, but João knew that magic was still around him.

Bia e o Chapéu Mágico

Bia era uma menina de dez anos que adorava colecionar coisas estranhas. Ela tinha uma prateleira cheia de conchas brilhantes, pedras coloridas e até uma escova de dentes em formato de dinossauro que achou uma vez na rua. Mas de todas as suas coleções, nada era tão peculiar quanto o chapéu que encontrou em uma feira de antiguidades.

O chapéu era grande, de veludo roxo, e tinha uma pena enorme, cor-de-rosa, que tremulava no topo. Quando Bia o colocou na cabeça pela primeira vez, sentiu uma coisa estranha. O mundo ao seu redor pareceu mudar por um instante, como se tudo tivesse ficado mais brilhante e mágico.

"Que chapéu esquisito..." murmurou Bia, olhando-se no espelho.

Logo depois, sua mãe a chamou para o jantar, e ela largou o chapéu em cima da cama, sem pensar muito mais no assunto.

Na manhã seguinte, Bia acordou e viu o chapéu roxo no canto do quarto. Algo nela a impeliu a colocá-lo novamente. Assim que o fez, ouviu uma voz suave e misteriosa sussurrar em seu ouvido:

"O que você deseja?"

Bia se assustou e tirou o chapéu rapidamente.

"Quem está falando?" perguntou, olhando ao redor.

Não havia ninguém no quarto. Curiosa, colocou o chapéu de volta e a voz retornou:

"Você tem um desejo, Bia. Apenas um. O que você deseja?"

Bia, ainda sem acreditar, pensou por um momento. O que poderia pedir? Uma viagem ao espaço? Um milhão de sorvetes? Mas então lembrou-se de algo. Na escola, havia um garoto chamado Ricardo, que estava sempre triste porque seu pai havia se mudado para outro país por trabalho. Bia sempre quis ajudar Ricardo, mas não sabia como.

"Eu desejo que o pai do Ricardo volte para casa," disse Bia com convicção.

O chapéu brilhou e, em um segundo, a voz misteriosa respondeu:

"Desejo concedido."

No dia seguinte, na escola, Bia viu Ricardo correr em direção ao pai, que estava parado no portão, com uma mala enorme. Bia ficou boquiaberta. O desejo havia funcionado!

Mas, à tarde, as coisas começaram a ficar estranhas. Ricardo estava mais feliz do que nunca, mas outros pais na cidade começaram a desaparecer! O pai de sua amiga Clara não apareceu para buscá-la depois da aula, e o pai do seu vizinho desapareceu no meio de uma reunião de trabalho.

Bia voltou correndo para casa e pegou o chapéu.

"O que está acontecendo?" gritou ela. "Por que outros pais estão desaparecendo?"

A voz respondeu calmamente:

"Quando um desejo é concedido, algo deve ser retirado. O equilíbrio do mundo depende disso."

Bia sentiu um frio na barriga. Ela não sabia que seus desejos teriam consequências. Agora, ela precisava consertar o problema.

Decidida a resolver a confusão que causou, Bia pegou o chapéu e saiu pela cidade à procura dos pais desaparecidos. A primeira pista a levou ao parque, onde encontrou um buraco gigante no meio do gramado. Ao olhar mais de perto, Bia viu uma escada que descia para o subsolo.

"Será que eles estão aqui?" Bia se perguntou.

Com coragem, desceu pela escada, com o chapéu na cabeça. Lá embaixo, encontrou uma enorme caverna cheia de luzes brilhantes. E, para sua surpresa, todos os pais desaparecidos estavam ali, sentados em cadeiras confortáveis, assistindo a um show de mágicas.

"O que está acontecendo aqui?" perguntou Bia, surpresa.

Um mágico com um grande bigode e um terno cintilante apareceu no palco e disse:

"Bem-vinda ao espetáculo dos pais desaparecidos! Todos eles estão aqui para um show de entretenimento. Mas não se preocupe, todos vão voltar quando o show terminar!"

Bia não sabia se ria ou chorava. O chapéu tinha levado os pais para um show de mágica subterrâneo! Ela precisava dar um jeito de trazê-los de volta imediatamente.

Bia voltou para casa com o chapéu, desesperada por uma solução. A voz voltou a sussurrar:

"Você pode fazer um último desejo. Use-o com sabedoria."

Dessa vez, Bia sabia exatamente o que queria. Sem hesitar, colocou o chapéu de volta na cabeça e disse:

"Desejo que todos os pais voltem para suas famílias, e que o equilíbrio seja restaurado sem causar mais problemas."

O chapéu brilhou uma última vez e, com um estalo, tudo voltou ao normal. No dia seguinte, todos os pais estavam em casa, incluindo o pai do Ricardo. As crianças estavam felizes e a vida voltou ao normal em Vila Alegre.

Bia guardou o chapéu no fundo do armário. Ela aprendeu uma grande lição: desejos mágicos podem parecer incríveis, mas sempre vêm com responsabilidades.

E, assim, a vida continuou, mas Bia sabia que o chapéu estava lá, esperando pela próxima aventura — mas, dessa vez, ela pensaria duas vezes antes de fazer qualquer pedido.

Bia and the Magic Hat

B ia was a ten-year-old girl who loved collecting strange things. She had a shelf full of shiny seashells, colorful stones, and even a dinosaur-shaped toothbrush she once found on the street. But of all her collections, nothing was as peculiar as the hat she found at an antique fair.

The hat was big, made of purple velvet, and had an enormous pink feather waving on top. When Bia put it on for the first time, she felt something strange. The world around her seemed to change for a moment, as if everything became brighter and more magical.

"What a weird hat..." Bia murmured, looking at herself in the mirror.

Shortly after, her mom called her for dinner, and she tossed the hat onto her bed, not thinking much more about it.

The next morning, Bia woke up and saw the purple hat in the corner of her room. Something inside her urged her to put it on again. As soon as she did, she heard a soft and mysterious voice whisper in her ear:

"What do you wish for?"

Bia was startled and quickly took off the hat.

"Who's talking?" she asked, looking around.

There was no one in the room. Curious, she put the hat back on, and the voice returned:

"You have one wish, Bia. Just one. What do you wish for?"

Still in disbelief, Bia thought for a moment. What could she wish for? A trip to space? A million ice creams? But then she remembered something. At school, there was a boy named Ricardo, who was always sad because his father had moved to another country for work. Bia had always wanted to help Ricardo but didn't know how.

"I wish for Ricardo's father to come home," Bia said firmly.

The hat glowed, and in a second, the mysterious voice replied:

"Wish granted."

The next day at school, Bia saw Ricardo running toward his father, who was standing at the gate with a huge suitcase. Bia's jaw dropped. The wish had worked!

But by the afternoon, things started to get weird. Ricardo was happier than ever, but other parents in the town began to disappear! Clara's dad didn't show up to pick her up after school, and her neighbor's dad vanished in the middle of a work meeting.

Bia ran home and grabbed the hat.

"What's happening?" she shouted. "Why are other dads disappearing?"

The voice responded calmly:

"When a wish is granted, something must be taken. The balance of the world depends on it."

Bia felt a pit in her stomach. She didn't know her wishes would have consequences. Now, she needed to fix the problem.

Determined to solve the mess she had caused, Bia took the hat and set out across the town to find the missing parents. The first clue led her to the park, where she found a giant hole in the middle of the grass. Upon closer inspection, Bia saw a staircase descending into the ground.

"Could they be down there?" Bia wondered.

With courage, she went down the stairs, wearing the hat. Down below, she found a huge cave full of bright lights. And to her surprise, all the missing parents were there, sitting in comfy chairs, watching a magic show.

"What's going on here?" Bia asked in surprise.

A magician with a big mustache and a glittering suit appeared on stage and said:

"Welcome to the missing parents' show! They're all here for some entertainment. But don't worry, they'll return when the show is over!"

Bia didn't know whether to laugh or cry. The hat had taken the parents to an underground magic show! She needed to find a way to bring them back immediately.

Bia returned home with the hat, desperate for a solution. The voice whispered again:

"You can make one last wish. Use it wisely."

This time, Bia knew exactly what she wanted. Without hesitation, she put the hat back on her head and said:

"I wish for all the parents to return to their families, and for the balance to be restored without causing any more problems."

The hat glowed one last time, and with a snap, everything was back to normal. The next day, all the parents were home, including Ricardo's dad. The kids were happy, and life returned to normal in Cheerfulville.

Bia stored the hat deep in her closet. She had learned a big lesson: magical wishes might seem amazing, but they always come with responsibilities.

And so, life went on, but Bia knew the hat was there, waiting for the next adventure — but this time, she would think twice before making any requests.

O Pinguim Cantor

Em um lugar gelado e distante, onde o sol só aparece por algumas horas e a neve cobre tudo como um cobertor branco, havia uma pequena colônia de pinguins. Entre todos os pinguins, havia um que se destacava: Pedro, o pinguim cantor. Pedro não era apenas um pinguim comum; ele tinha uma voz maravilhosa que podia fazer até mesmo as estrelas brilharem um pouco mais.

Pedro adorava cantar. Desde que era pequeno, ele encantava seus amigos com canções alegres e melodias suaves. Seus pais, pinguins idosos, sempre diziam que Pedro tinha o talento de um verdadeiro cantor de ópera. Mas, embora ele fosse famoso na colônia, Pedro sonhava em se apresentar para o mundo todo.

Um dia, enquanto Pedro estava cantando em frente ao espelho de gelo, um enorme cartaz apareceu na praça principal da colônia. Era um anúncio brilhante e colorido:

"CONCURSO DE TALENTOS INTERNACIONAL DOS PINGUINS! Inscreva-se e mostre seu talento para o mundo inteiro!"

Pedro ficou emocionado ao ler o anúncio. Ele sabia que esta era a oportunidade que esperava para mostrar sua voz ao mundo fora da colônia. Sem perder tempo, ele preparou suas melhores canções e se inscreveu no concurso.

A viagem até o local do concurso era longa e cheia de desafios. Pedro teve que atravessar campos de gelo, enfrentar ventos fortes e até mesmo passar por uma tempestade de neve. Mas, apesar das dificuldades, ele estava determinado a chegar lá.

Durante a viagem, Pedro encontrou outros pinguins que também estavam indo para o concurso. Havia pinguins dançarinos, pinguins mágicos e até mesmo pinguins contadores de histórias. Pedro fez muitos amigos e todos se animaram para o grande evento.

Finalmente, Pedro chegou ao local do concurso. Era um palco gigantesco feito de gelo, iluminado por luzes coloridas e cercado por uma plateia cheia de pinguins de todas as partes do mundo. Pedro estava nervoso, mas também muito animado.

Quando chegou sua vez, ele respirou fundo, colocou seu melhor terno (feito de plumas brancas brilhantes) e subiu ao palco. A plateia fez silêncio total, e Pedro começou a cantar. Sua voz era pura e doce, e suas canções contavam histórias de aventuras e sonhos.

Enquanto cantava, Pedro viu que os pinguins da plateia estavam encantados. Alguns choravam de emoção, outros aplaudiam entusiasticamente. Pedro sentiu uma onda de felicidade ao ver que seu sonho estava se tornando realidade.

Depois de uma apresentação deslumbrante, Pedro foi chamado de volta ao palco. O júri, composto por pinguins famosos e respeitados, anunciou o vencedor.

"E o grande vencedor do Concurso Internacional de Talentos dos Pinguins é... Pedro, o Pinguim Cantor!"

Pedro mal podia acreditar. Ele havia vencido o concurso e conquistado o coração de pinguins de todo o mundo!

Quando recebeu o prêmio, um lindo troféu feito de cristal e gelo, Pedro sentiu que seu sonho tinha finalmente se tornado realidade. Mas, mais importante do que o prêmio, ele percebeu que a música tinha o poder de unir as pessoas e espalhar alegria.

Pedro voltou para sua colônia com o troféu e muitas histórias para contar. Seus amigos e familiares estavam incrivelmente orgulhosos e celebraram sua vitória com uma grande festa.

E assim, a vida na colônia de pinguins voltou ao normal, mas agora com um toque especial de magia, pois Pedro, o pinguim cantor, sempre lembrava a todos que o poder da música podia transformar qualquer sonho em realidade.

The Singing Penguin

In a cold and distant place, where the sun only appeared for a few hours and snow covered everything like a white blanket, there was a small colony of penguins. Among all the penguins, there was one who stood out: Pedro, the singing penguin. Pedro was not just an ordinary penguin; he had a wonderful voice that could make even the stars shine a little brighter.

Pedro loved to sing. Since he was little, he had enchanted his friends with cheerful songs and sweet melodies. His parents, elderly penguins, always said that Pedro had the talent of a true opera singer. But even though he was famous in the colony, Pedro dreamed of performing for the whole world.

One day, while Pedro was singing in front of his ice mirror, a huge poster appeared in the main square of the colony. It was a bright and colorful announcement:

"INTERNATIONAL PENGUIN TALENT CONTEST! Sign up and show your talent to the whole world!"

Pedro was thrilled when he read the announcement. He knew this was the opportunity he had been waiting for to showcase his voice to the world outside the colony. Without wasting any time, he prepared his best songs and signed up for the contest.

The journey to the contest location was long and full of challenges. Pedro had to cross ice fields, face strong winds, and even endure a snowstorm. But despite the difficulties, he was determined to get there.

During the trip, Pedro met other penguins who were also going to the contest. There were dancing penguins, magical penguins, and even storytelling penguins. Pedro made many friends, and everyone was excited for the big event.

Finally, Pedro arrived at the contest location. It was a gigantic ice stage, illuminated by colorful lights and surrounded by an audience of penguins from all over the world. Pedro was nervous but also very excited.

When his turn came, he took a deep breath, put on his best suit (made of shiny white feathers), and went up on stage. The audience fell completely silent, and Pedro began to sing. His voice was pure and sweet, and his songs told stories of adventures and dreams.

As he sang, Pedro saw that the penguins in the audience were enchanted. Some were crying with emotion, others applauded enthusiastically. Pedro felt a wave of happiness seeing that his dream was coming true.

After a stunning performance, Pedro was called back to the stage. The jury, composed of famous and respected penguins, announced the winner.

"And the grand winner of the International Penguin Talent Contest is... Pedro, the Singing Penguin!"

Pedro could hardly believe it. He had won the contest and captured the hearts of penguins all over the world!

When he received the award, a beautiful crystal and ice trophy, Pedro felt that his dream had finally come true. But more important than the prize, he realized that music had the power to bring people together and spread joy.

Pedro returned to his colony with the trophy and many stories to tell. His friends and family were incredibly proud and celebrated his victory with a big party.

And so, life in the penguin colony returned to normal, but now with a special touch of magic, as Pedro, the singing penguin, always reminded everyone that the power of music could turn any dream into reality.

Beatriz e o Dia Chuvoso

B eatriz era uma menina de oito anos que vivia em uma pequena vila cercada por colinas verdejantes e campos floridos. Ela adorava explorar os bosques e correr pelo campo com seu cachorro, Bolinha. Mas, naquela manhã, algo estava diferente. O céu estava coberto de nuvens cinzentas e, ao olhar pela janela, Beatriz viu que a chuva estava caindo em torrentes.

"Oh, não!" exclamou Beatriz, olhando para a chuva que parecia não ter fim. "Hoje não posso brincar lá fora!"

Beatriz desceu para a cozinha onde sua mãe estava preparando um lanche. Ela se sentou na mesa e suspirou.

"O que você está fazendo?" perguntou sua mãe, percebendo que Beatriz estava um pouco desanimada.

"Não posso brincar na chuva, e eu não sei o que fazer para me divertir," respondeu Beatriz.

Sua mãe sorriu e colocou um prato de biscoitos na frente de Beatriz.

"Às vezes, os dias chuvosos podem ser uma oportunidade para se divertir de maneiras diferentes. Que tal usarmos a imaginação?"

Beatriz pensou na sugestão da mãe e se lembrou de um livro que havia lido sobre um lugar mágico chamado "A Terra das Nuvens". Nesse livro, as nuvens eram de algodão-doce e choviam confetes coloridos. Com uma faísca de entusiasmo, Beatriz decidiu criar sua própria aventura imaginária.

"Eu vou construir a minha própria Terra das Nuvens aqui dentro," anunciou Beatriz com determinação.

Ela correu para o seu quarto e começou a buscar todos os materiais que poderia usar. Pegou lençóis, almofadas, e até mesmo uma caixa de papelão. Com as almofadas, construiu uma fortaleza. Usou os lençóis para criar um teto de nuvens e pendurou algumas luzes de fada para imitar as estrelas.

Quando terminou, sua criação estava linda! Ela entrou na fortaleza, sentou-se no chão e começou a fazer uma lista das coisas que queria fazer na sua Terra das Nuvens.

Beatriz imaginou que estava em uma terra mágica onde as nuvens eram feitas de algodão-doce e os rios corriam com chocolate quente. Ela inventou histórias de criaturas mágicas, como os "Dragões de Pó de Açúcar" e os "Unicórnios de Nuvem". Bolinha, seu cachorro, também entrou na brincadeira e se transformou em um valente cavaleiro que ajudava Beatriz em suas aventuras.

Beatriz e Bolinha viajaram por montanhas de marshmallow, cruzaram pontes de caramelo e até enfrentaram um dragão de gelatina que estava guardando um tesouro de chocolate. Cada parte da sala tinha um novo cenário imaginário e, à medida que a chuva continuava a bater na janela, Beatriz estava completamente mergulhada em sua própria Terra das Nuvens.

Enquanto Beatriz e Bolinha estavam no meio de uma grande batalha contra o dragão de gelatina, houve uma batida na porta. Beatriz correu para abrir e, para sua surpresa, encontrou seus amigos, João e Ana, na porta, todos equipados com capas de chuva e galochas.

"Venham, entrem!" convidou Beatriz. "Eu estava no meio de uma grande aventura na minha Terra das Nuvens."

Beatriz e seus amigos rapidamente transformaram sua sala em um espaço de festa com todas as coisas que Beatriz havia preparado: a fortaleza de almofadas, as luzes de fada e até mesmo um "cinema de nuvens" com uma tela improvisada.

Eles se juntaram, assistiram a filmes, comeram pipoca e contaram histórias sobre suas próprias aventuras e imaginações. O dia chuvoso que parecia triste no começo agora estava cheio de risadas e diversão.

Quando a noite chegou e a chuva começou a diminuir, Beatriz percebeu que, embora o dia não tivesse sido como ela havia planejado, ele tinha se tornado um dos melhores dias de sua vida. Ela aprendeu que a magia não está apenas em lugares imaginários, mas também na companhia de bons amigos e na capacidade de transformar situações aparentemente ruins em momentos especiais.

"Obrigada por terem vindo," disse Beatriz para seus amigos enquanto eles se preparavam para ir embora. "Este foi um dos melhores dias de todos!"

João e Ana sorriram e agradeceram a Beatriz pela festa maravilhosa.

"A chuva pode ter sido triste no começo, mas acabou sendo a nossa melhor amiga hoje," disse Ana com um sorriso.

Beatriz fechou a porta e olhou pela janela. A chuva havia parado, e as primeiras estrelas começaram a brilhar no céu. Ela se sentiu grata por ter transformado um dia chuvoso em uma aventura inesquecível e por ter amigos que tornaram o dia ainda mais especial.

Beatriz and the Rainy Day

Beatriz was an eight-year-old girl who lived in a small village surrounded by green hills and blooming fields. She loved exploring the woods and running through the fields with her dog, Bolinha. But that morning, something was different. The sky was covered with gray clouds, and looking out the window, Beatriz saw that rain was pouring down in torrents.

"Oh no!" exclaimed Beatriz, looking at the rain that seemed endless. "I can't play outside today!"

Beatriz went down to the kitchen where her mother was preparing a snack. She sat at the table and sighed.

"What's wrong?" her mother asked, noticing that Beatriz seemed a bit down.

"I can't play in the rain, and I don't know what to do to have fun," Beatriz replied.

Her mother smiled and put a plate of cookies in front of Beatriz.

"Sometimes, rainy days can be an opportunity to have fun in different ways. How about using your imagination?"

Beatriz thought about her mother's suggestion and remembered a book she had read about a magical place called "The Land of Clouds." In that book, the clouds were made of cotton candy and rained colorful confetti. With a spark of enthusiasm, Beatriz decided to create her own imaginary adventure.

"I'm going to build my own Land of Clouds right here inside," Beatriz announced with determination.

She ran to her room and began gathering all the materials she could use. She grabbed blankets, pillows, and even a cardboard box. With the pillows, she built a fortress. She used the blankets to create a cloud ceiling and hung some fairy lights to mimic stars.

When she finished, her creation was beautiful! She entered the fortress, sat on the floor, and began making a list of things she wanted to do in her Land of Clouds.

Beatriz imagined she was in a magical land where the clouds were made of cotton candy and rivers flowed with hot chocolate. She invented stories of magical creatures like "Sugar Dust Dragons" and "Cloud Unicorns." Bolinha, her dog, also joined the fun and turned into a brave knight helping Beatriz on her adventures.

Beatriz and Bolinha traveled over marshmallow mountains, crossed caramel bridges, and even faced a jelly dragon guarding a chocolate treasure. Every part of the room had a new imaginary scene, and as the rain continued to beat against the window, Beatriz was completely immersed in her own Land of Clouds.

While Beatriz and Bolinha were in the middle of a great battle with the jelly dragon, there was a knock at the door. Beatriz ran to open it and, to her surprise, found her friends, João and Ana, at the door, all equipped with raincoats and galoshes.

"Come in, come in!" Beatriz invited. "I was in the middle of a great adventure in my Land of Clouds."

Beatriz and her friends quickly turned her room into a party space with all the things Beatriz had prepared: the pillow fortress, the fairy lights, and even a "cloud cinema" with an improvised screen.

They gathered together, watched movies, ate popcorn, and told stories about their own adventures and imaginations. The rainy day that seemed sad at first was now filled with laughter and fun.

As night fell and the rain began to let up, Beatriz realized that although the day hadn't gone as she had planned, it had become one of the best days of her life. She learned that magic is not just in imaginary places but also in the company of good friends and the ability to turn seemingly bad situations into special moments.

"Thank you for coming," Beatriz said to her friends as they prepared to leave. "This has been one of the best days ever!"

João and Ana smiled and thanked Beatriz for the wonderful party.

"The rain might have been sad at first, but it turned out to be our best friend today," Ana said with a smile.

Beatriz closed the door and looked out the window. The rain had stopped, and the first stars were beginning to shine in the sky. She felt grateful for turning a rainy day into an unforgettable adventure and for friends who made the day even more special.